ORIGINES

DE BLOIS.

CENT VINGT-CINQ EXEMPLAIRES.

ESSAI

SUR L'ORIGINE

DE LA

VILLE DE BLOIS,

ET SUR

SES ACCROISSEMENTS

JUSQU'AU Xe SIÈCLE.

Par L. de la Saussaye,

Conservateur honoraire de la Bibliothèque de Blois, l'un des fondateurs de la Société académique de la même ville, membre des Sociétés des Antiquaires de France et de Normandie, de la Société académique d'Orléans, de la Société d'émulation de Rouen, etc.

MÉMOIRE

QUI A OBTENU UNE MENTION HONORABLE A L'ACADÉMIE ROYALE DES INSCRIPTIONS ET BELLES-LETTRES. (INSTITUT DE FRANCE.)

> « C'est ainsi qu'après les tempêtes politiques
> » l'amour du pays devient plus vif et les
> » souvenirs anciens plus doux. »
> *Revue Normande.*

Extrait du Tome premier des Mémoires de la Société des sciences et des lettres de la ville de Blois.

PARIS,
CHEZ TECHENER, PLACE DU LOUVRE, N.o 12.
M. DCCC. XXXIII.

FELIX JAHYER, IMPRIMEUR A BLOIS.

EXTRAIT

DU RAPPORT

FAIT AU NOM

DE L'ACADÉMIE ROYALE DES INSCRIPTIONS ET BELLES-
LETTRES,

DANS SA SÉANCE PUBLIQUE DU 2 AOUT 1833,

PAR SA COMMISSION DES ANTIQUITÉS NATIONALES.

(*M. le Comte* DE LABORDE, *rapporteur.*)

(PAGE 3.) — « Sous le nom d'*Essai sur l'origine de la ville de
» Blois,* M. de la Saussaye, conservateur de la bibliothèque de
» cette ville, adresse à l'académie un précis intéressant sur la fon-
» dation et l'agrandissement de Blois jusqu'au x.ᵉ siècle. L'auteur
» donne l'histoire entière de la ville en décrivant ses monuments,
» et en déterminant, avec une saine critique, les époques aux-
» quelles ils appartiennent. »

(PAGE 8.) — Après avoir indiqué les améliorations notables
que la commission a remarquées dans le concours de l'année
1833, M. le comte de Laborde termine ainsi son rapport : « Un
» autre progrès plus important encore dans ce genre d'étude, et
» qui se remarque particulièrement dans les mémoires de MM. de

» la Saussaye et Scribe, c'est la tendance des esprits à ne plus se
» borner à l'examen matériel des monuments, mais à les envisa-
» ger dans les rapports qu'ils ont avec la marche de la civilisation,
» de les interroger avec un sentiment philosophique, et de join-
» dre à leurs descriptions des recherches sur l'état des personnes
» qui les possédaient, sur cette longue lutte des grands vassaux
» contre la couronne, sur cette guerre des châteaux contre les
» palais, qui laissait respirer les chaumières; sur les événements
» divers, enfin, au moyen desquels le peuple, jusqu'alors oublié,
» apprend à connaître sa dignité, et s'affranchit successivement
» du joug des seigneurs par la commune, de l'arbitraire royal
» par les états, de l'exigence du clergé par la réforme, et par-
» vient enfin à l'exercice des droits politiques qu'il possède au-
» jourd'hui.

» C'est ainsi que l'étude archéologique s'étend à mesure qu'elle
» avance, qu'elle se développe à mesure qu'elle s'étend, et que
» des monuments elle passe aux institutions, sorte de monuments
» elles-mêmes que la science éclaire, que le patriotisme défend,
» que l'expérience et la liberté perfectionnent. »

Il est nécessaire, pour l'intelligence parfaite du mémoire suivant, d'avoir sous les yeux le plan de Blois qui l'accompagne. (Pl. IV.)

ESSAI

SUR L'ORIGINE

DE LA

VILLE DE BLOIS.

ÉPOQUE GAULOISE.

Nos anciennes villes, dont l'origine se perd dans la nuit des âges, se vantent ordinairement, comme d'un titre d'honneur, d'avoir été fondées par les conquérants de la Gaule. Blois adopta aussi ce genre d'illustration, et le savant jurisconsulte Dupont, notre compatriote, donne comme une chose positive et non contestée de son temps, que notre ville fut bâtie par les soldats de Jules César, pendant qu'ils y tenaient leurs quartiers d'hiver*. Nous qui pensons que le sang des Gaulois nous anime encore; nous qui croyons que si les nations passent, les races demeurent **, et que les Blésois doivent être fiers de se dire les descendants de ces anciens Carnutes qui opposèrent une si glorieuse résistance à l'invasion romaine, et tentèrent le plus noble effort qui fût fait pour le maintien de l'indépendance des Gaules; nous n'accepterons pas cette origine. Nous chercherons

---

*. *Fuit enim (Blesis) antiquitùs omnis hujus provinciæ caput Cesaris temporibus, qui cùm his locis hiberna educeret ab ejus militibus est condita. (Pontanus in consuetud. blesens., tit. iij, pag.* 129, *edit. Gussanv.*)

** On ne sera pas étonné de voir un Blésois, passionné pour les illustrations de son pays, adopter, dans le cours de ce mémoire, les doctrines historiques qui ont fait la réputation de MM. Thierry, ses compatriotes.

de préférence à établir, sinon par les documents historiques contemporains qui nous manquent entièrement, au moins par de puissantes conjectures, que la ville de Blois dut ses commencements aux Gaulois, nos ancêtres.

Les noms mêmes de notre pays et de notre ville appartiennent à leur langue : *Bleiz, Blaiz, Bleizian,* signifient *Loup* dans plusieurs de ses dialectes qui subsistent encore [*]. Le plus ancien emblême de la ville de Blois était le loup : lorsque les villes prirent un blason, il orna l'écusson de la nôtre; et quand Louis d'Orléans, comte de Blois, voulut le remplacer par la fleur-de-lys royale, le loup fut conservé pour l'un des supports [**].

Si les noms donnés au Blésois et à Blois

---

[*] Armor. *Bleiz* ; Gaël. *Blaiz* et *Bleizian.*

[**] Le comte de Blois donna pour l'autre support le porc-épic qui était son emblême particulier. — Les armes de Blois sont : *D'or, à un écusson d'azur, chargé d'une fleur de lys du champ, accosté à dextre d'un porc-épic, et à senestre d'un loup de sable, supportés par une terrasse ou champagne de même.*

et l'ancien emblême de la ville semblent indiquer *un pays de loups*, on conviendra que cela pouvait fort bien s'appliquer à une contrée qui n'était alors qu'une vaste forêt; car chacun sait que c'était là la condition de la Beausse entière. Aussi croyons-nous qu'il y a une grande affinité entre le nom du Blésois et celui de la Beausse (*aliàs* Beaulse), qui nous a été transmis latinisé en celui de *Belsia*, le même que *Blesia* par une transposition de lettre fort commune dans toutes les langues.

Ces rapprochements ont déjà été indiqués en partie par M. Aucher-Éloy, notre compatriote [*]; d'autres y ont été ajoutés par M. Éloy Johanneau, de Contres, qui a construit, avec leur aide, un thème mythologique encore inédit et qu'il ne nous appartient pas de reproduire ici.

Des inductions, fondées sur l'analogie de position de diverses localités gauloises, nous portent à penser que, de même qu'à

---

[*] Aucher-Éloy; Annuaire de Loir et Cher, 1825, page 59.

Paris, l'île de la Cité fut le premier emplacement de l'ancienne Lutèce, de même ce fut dans l'ancienne île de Vienne que les Blésois eurent leurs premières demeures. Le nom de Vienne est aussi tout gaulois et signifie *Rivière*, nom qui, par un curieux rapprochement, est maintenant celui que porte son territoire, tandis que ce faubourg a retenu l'appellation première dont la seconde n'est que la traduction. On voit encore qu'aucun nom n'était plus convenable que celui-ci à une localité située, comme on dit encore à présent, *en Rivière*. De très anciens monuments historiques font mention de l'île de Vienne, *insula Evenna* * ;

---

* *Sancti Eusicii vitæ mstæ.* — Voici les origines gauloises du nom de Vienne. Armor. *Even*, *Avon* ou *Afon*, rivière ; (Les radicaux ne subsistent plus isolément dans l'Armoricain ; mais se retrouvent en composition dans un grand nombre de mots de ce dialecte.) Gall. *Avon*, R. *Awan*, mot-à-mot *liquide élément* ; Gaël. *Abhainn* (prononç. *Avainn*), R. *Abh-an* ; Irl. *Abhann* ; Corn. *Auan* ; Ile de Man, *Aon*. Les Galls de la haute Ecosse écrivent quelquefois *Amhain*, ce qui rapproche encore plus du latin *Amnis* cette famille de mots qu'on retrouve dans une foule de langues avec la même signification. De là le nom de Vienne, commun à tant de rivières ou de localités situées sur des rivières et les nombreux noms de lieu dans lesquels ses radicaux se trouvent en composition. (V. *Armstrong.*, *Gaëlic dictionn.*)

et il n'y a pas un temps immémorial que le bras principal de la Loire, réuni depuis à celui qui traverse la ville, passait sous les ponts Chartrains et Saint-Michel, de l'autre côté de Vienne, habitude à laquelle il revient encore, dans les grandes crues, malgré tous les travaux de l'art. La circonscription de la commune de Blois sur la rive gauche de la Loire nous indique celle de l'ancienne île et du bras du fleuve maintenant à sec. Nous reconnaîtrons encore les limites de la rive opposée dans le nom de la maison d'Aigrefins, employé par altération de langage pour celui usité avant, de Aiguefins, *aquœ fines*, et dans celui du bourg de Chailles qui se trouvait jadis plus près des grèves, des cailloux du fleuve, ou des *chailles,* comme on disait anciennement *.

Il n'est pas inutile de remarquer que les habitants de Vienne obligés, par leur po-

---

* Dans notre pays, le peuple dit encore des *chailloux* et des *cailles* pour désigner les petits cailloux roulés que l'on trouve sur les grèves. Dans le Poitou et ailleurs, on a conservé le mot de *chailles*.

sition insulaire, de se livrer à des occupations exclusives telles que la navigation et la pêche, durent conserver plus long-temps leur type primitif qui, à nos yeux, serait le type gaulois. Ce fait était encore patent à l'époque de l'historien Bernier, qui écrivait vers la fin du dix-septième siècle [*], et nous n'affirmerions pas que toutes traces de mœurs différentes fussent encore effacées, de notre temps où tout s'efface.

Notre ville possède encore un monument qui doit remonter à l'époque gauloise : nous voulons parler de l'énorme tombelle connue sous le nom de *Butte des Capucins,* (Pl. 1.re) à cause de son voisinage de l'ancien couvent de saint François. Fournier, compilateur de l'histoire de Bernier, a voulu lui donner une origine récente qui se trouve suffisamment contredite par des titres du seizième siècle où elle est appelée

---

[*] « Les habitants de ce faubourg et ceux de la ville ont les in-»clinations et les manières si différentes, qu'on leur peut fort jus-»tement appliquer ce mot de Tacite, parlant des habitants de la »ville de Vienne en Dauphiné et de ceux de la ville de Lion : *Uno* »*amne discretis connexum odium.*» (Histoire de Blois, page 70.)

la Butte du pommier de pin*. Nous regardons ce monument comme un autel ou haut-lieu, sans en exclure pour cela l'attribution de tombeau; car, dans l'antiquité, les tombeaux et les autels ne faisaient souvent qu'un, et le christianisme lui-même a consacré ce souvenir en célébrant ses mystères**.

Le culte des arbres était très répandu dans toute l'antiquité; et le nom du *Pommier de pin* donné à la *Butte* conservait la

---

* Fournier raconte que pendant une famine qui affligeait le Blésois, Gaston fit travailler les pauvres à élever ce monticule qu'ils nommèrent *Butte de la bienfaisance*. « Elle n'a pas gardé long-
» temps ce nom, ajoute le naïf historien, le crime qu'un scélérat
» auroit commis dans ces contrées lui en auroit donné un plus du-
» rable.» (Essais sur Blois , pag. 65.) Gaston fit seulement exhausser quelque peu *la Butte des Capucins* par des terres provenant du déblaiement de la rue *Baron* (du Baron) appelée maintenant rue *Bourreau*, par corruption.

** A l'époque où les premiers chrétiens étaient obligés de se cacher pour l'exercice du culte, soit dans les catacombes de Rome, soit dans d'autres lieux, la célébration des mystères se faisait réellement sur la tombe des martyrs secrètement ensevelis. Plus tard, ce fut sur l'autel élevé au-dessus de la crypte renfermant les ossements des saints; et enfin, quand la religion chrétienne s'étendit de plus en plus, on se contenta de placer dans la table de l'autel, lui-même de forme tumulaire, quelques reliques provenant des sépulcres saints.

mémoire d'un ancien arbre consacré. Si même, ce que nous ignorons, un pin se trouvait encore sur ce monticule au seizième siècle, on peut croire que par suite de l'habitude des peuples de perpétuer les traditions antiques, il y avait eu une succession non interrompue d'arbres de la même espèce depuis celui qui fut adoré par les Gaulois, et probablement ensuite par les Romains dont l'Olympe hospitalier était assez vaste pour recevoir toutes les divinités qu'ils rencontraient en chemin. Du reste, ceux-ci, plus avancés que les premiers, n'en étaient plus au fétichisme et avaient souvent fait d'un dieu ancien l'attribut d'un dieu nouveau; ainsi le pin chez eux était consacré à Cybèle.

Cette nécessité traditionnelle, dont nous venons de parler, n'a pu permettre que la tombelle du *Pommier de pin* restât sans avoir un arbre quelconque sur le sommet, et le vieil orme que l'on y voit maintenant a été planté par Gaston d'Orléans, dernier comte de Blois. Peut-être celui-ci succédait-il lui-même à un autre orme planté par Catherine de Médicis, en même temps que ceux *des Allées* *.

ÉPOQUE ROMAINE.

Les Romains, après la conquête de la Gaule, s'y établirent militairement et y formèrent de ces camps à demeure appelés *castra strativa*, ou simplement *castrum*, qui étaient entourés de murailles, garnis de tours et qui se multiplièrent beaucoup à l'époque du Bas-Empire. Il est bien présumable que l'importance de sa position en fit établir un de ce genre à Blois qui était peut-être, dès l'époque gauloise, un lieu de passage entre le pays des Carnutes et celui

---

* Le souvenir du culte des arbres subsiste encore dans beaucoup de localités de notre pays, et particulièrement dans la Sologne. Une source, située dans la plaine de Soings depuis longtemps déboisée, porte le nom de *fontaine de l'Orme ;* une autre source, près de l'antique Gièvres, porte celui d'un *érable* qui a cessé depuis des siècles de l'ombrager de ses rameaux ; *le chêne* de la tombelle de *Mi-brelan* renaît toujours de ses cendres ; et depuis douze siècles, *le tremble* qui a donné son nom à Tremblevic (*Tremulivicus*, aujourd'hui Tremblevif,) se perpétue continuellement par de nouveaux rejetons, sur les murailles de l'église de Saint-Viâtre, etc.

des Bituriges, et qui l'était bien positivement pendant la domination romaine, comme l'indique assez la direction de la voie militaire qui devait aller de Chartres à Bourges, en traversant Châteaudun et Blois. Cette voie n'est pas tracée, ainsi que beaucoup d'autres, sur les itinéraires romains qui sont parvenus jusqu'à nous ; mais comme elle est encore parfaitement conservée dans beaucoup de ses parties, le mode de sa construction ne laisse aucun doute sur son origine. (V. la pl. II, fig. 2.) C'est peut-être cette voie qui est désignée sous le nom de *Via Festi** dans une charte donnée, l'an 1115, par la comtesse Alix de Blois

Le camp romain occupait vraisemblable-

---

* *A calle quodam qui vocatur via Festi.* (*Chartularium Launomarense*, pag. 17.) — La comtesse Alix donne par cette charte, aux moines de Saint-Laumer, une portion de ses bois appelée *Sylva longa*, qui s'étendait, en travers, depuis Oucques jusqu'au val de la Loire, *in blesensem Belsiam*, pays entièrement déboisé maintenant. Alix excepte cependant une partie de la *Sylva longa*, ...*exceptâ caudâ*, porte la charte, et c'est sûrement grâce à cette exception, que les bois, appelés encore maintenant *les bois de la Queue*, ont subsisté jusque aujourd'hui.

ment toute l'étendue du mamelon isolé du coteau de la Loire par la tranchée des *Fossés du château*, et par le ravin dans lequel coulait l'Arou, ruisseau que les déboisements ont presque tari et qui devait toujours rouler de l'eau, quoique *lentement*, comme l'indique l'étymologie de son nom, alors que la forêt de Blois couvrait la plus grande partie du Blésois sur la rive droite de la Loire*. Le bras le plus faible de ce fleuve, qui n'était pas alors retenu par les digues qu'on lui a opposées depuis, protégeait le côté méridional. On voit souvent les Romains, dans l'établissement d'un camp fortifié, choisir cette position au sommet d'un coteau, sur le plateau triangulaire formé au confluent de deux rivières qui dé-

---

* Le radical *Ar*, dans le dialecte gaëlique, signifie *lent ;* on le trouve en composition dans beaucoup de noms de rivières : *Arotius*, l'Arou (dans le Charolais); *Araur*, l'Erault; *Arar*, la Saône, etc. Dans ce dernier mot, le radical est répété deux fois, suivant la forme antique qu'offre la langue gauloise de rendre le superlatif par la répétition du positif. Le cours de la Saône est effectivement très lent : il y a long-temps que Claudien l'appelait *lentus Arar*, et que Sénèque disait : *Arar dubitans quò suos cursus agat.*

fendent deux de ses côtés, tandis qu'une tranchée profonde ferme le troisième. Les rives seules de la Loire offrent un grand nombre d'exemples de ce système de castramétation.

On comprend facilement qu'après toutes les constructions différentes qui se sont succédé sur l'emplacement du camp romain, nous ne puissions rien y découvrir maintenant qui puisse se rapporter à cette première époque.

A la décadence de l'empire, des bourgs se formaient ordinairement, auprès de ces camps à demeure, par la réunion des gens du pays qui trafiquaient avec les habitants de la forteresse et trouvaient dans ses murs un lieu de défense contre les bandes de barbares qui parcouraient sans cesse les Gaules. Quelques découvertes d'objets antiques nous autorisent à penser qu'un petit bourg s'était formé de la sorte dans l'endroit qu'occupe maintenant le faubourg du Foix. Montfaucon, et d'après lui Dom Martin, ont donné une description et des dessins d'un tombeau trouvé en creusant des fondations à Saint-Laumer, et qu'ils attribuent aux Gaulois, quoiqu'il eût été plus exact de dire qu'il appartenait à la Gaule devenue romaine. Ils remarquent fort bien que la forme d'une des statuettes qui se trouvèrent dans le tombeau, et qui représente une femme assise dans un fauteuil d'osier ou de jonc et allaitant un enfant, était une forme consacrée ; mais elle appartenait à la mythologie gréco-romaine et non à celle des Gaulois. Beaucoup de sociétés savantes ont décrit de ces figurines, et nous pensons qu'il faut les regarder comme des simulacres de Diane ou de Junon sous l'attribution de Lucine*.

On a aussi trouvé en 1829, dans la rue des Carmélites, à 15 pieds au-dessous du sol actuel, une clef antique, placée sur une couche de terrain incinéré que de nombreuses scories de forge annonçaient avoir

---

* V. Montfaucon ; Antiquité expliq., tom. V, part. ij, pag. 190. —D. Martin ; Relig. des Gaulois., tom. II, page 264 ;— et presque toutes les collect. de mém. des sociétés savantes.

été l'aire d'un atelier d'ouvrier en fer. (Pl. ii, fig. i.) A côté d'elle étaient des fragments d'un vase en terre de fabrique gallo-romaine et un moyen bronze entièrement fruste *.

Les chances pour ces sortes de trouvailles sont fort rares dans la partie de la ville où nous supposons qu'était le bourg gallo-romain, attendu que le sol a été tellement exaucé depuis la formation des levées et l'élévation du lit de la Loire, que l'ancien rez-de-chaussée des maisons sert maintenant de cave, où l'eau du fleuve vient même encore quelquefois pendant les crues, et que l'église de Saint-Laumer, construite vers le douzième siècle, et où l'on devait arriver, suivant l'usage, par des degrés, est maintenant enterrée de plusieurs pieds.

Un monument curieux, que l'on peut attribuer aux Romains dont il rappelle parfaitement les habitudes, c'est l'aqueduc,

---

* Cette clef nous a été donnée par M. d'Harbelot, chez qui elle a été trouvée, et elle se voit maintenant dans notre cabinet d'antiquités locales.

taillé dans le roc, pour amener les eaux qui alimentent encore les fontaines de la ville et qui a fait dire au bon historien de Saint-Laumer que Blois était *magnifique en aqueducs et glorieux en fontaines* *. Il ne faut pas confondre, comme on l'a fait souvent, cet ouvrage avec d'autres travaux assez remarquables qui partent du réservoir connu sous le nom de *Gouffre ;* leur style se rapporte au moyen âge, et il faut encore moins croire qu'il s'agit de la voûte qui couvre le lit de l'Arou ** pendant son

---

* Hist. mste. de S. Laumer, page 121, verso.

** C'est du latin *arcus*, l'arche sous laquelle passe l'Arou, que l'on a prétendu faire venir le nom de ce ruisseau. On a déjà vu que nous n'adoptions pas cette étymologie donnée par nos Annuaires. La lettre *c* du mot *arcus* est radicale et n'aurait pas disparu ; on aurait dit plutôt : *l'Arc*, *l'Arche* ou *l'Arcou*, comme il y en a beaucoup d'exemples : *la rivière de l'Arc*, *le pont de l'Arche*, etc. C'est la confusion qui a été faite de tout temps entre l'aqueduc taillé dans le roc, seul ouvrage de tradition vraiment romaine, l'autre aqueduc du temps des comtes de Blois, et celui tout-à-fait barbare sous lequel passe l'Arou, qui a fait dire à tous les *Guides des voyageurs*, et même à des ouvrages plus importants : *On voit à Blois des restes d'arcades magnifiques bâties par les Romains :* ces expressions ne conviennent d'ailleurs à aucun de ces aqueducs. C'est du latin *aro, nis*, formé du radical gaulois *Ar*, que sont venus les mots *aroun* et *arou*, comme le radical germanique *Bar* a donné naissance aux mots *baro, nis*, *baroun*, *barou* et *baron ; Villebarou* (près Blois), *Villa-baronis*.

trajet à travers la ville : cette voûte, fort moderne dans beaucoup de ses parties, a été faite à plusieurs époques, et au moyen âge, l'Arou parcourait à découvert les rues de Blois, les cours et les jardins des maisons qui se trouvaient sur son passage. Dans les temps de crue extraordinaire, il causait quelquefois des ravages considérables *.

Si nous ajoutons que près de l'ancienne maladrerie de Saint-Lazare, où la tradition veut qu'il y ait eu un temple de Mercure, on a trouvé, en faisant la nouvelle route de Châteaudun, qui suit presque la même direction que la voie antique, un assez grand nombre de médailles impériales, nous aurons exprimé tout ce qui peut se rapporter à l'existence de la ville de Blois pendant la période romaine.

Malgré l'opinion commune, nous ne pouvons pas reconnaître un ouvrage de cette époque dans les ponts Chartrains et Saint-Michel, sous lesquels passait jadis le

---

* V. Bernier; hist. de Blois, page 56.

bras principal de la Loire. Quoique leur construction offre des parties bien traitées sous le rapport de l'art, notamment dans ce qui regarde les arceaux, l'ensemble de cet édifice est grossier, les alignements sont des plus irréguliers, et l'assemblage des pierres ne rappelle nullement la manière des Romains qui est bien connue. La critique plus éclairée des historiens modernes a fait justice de toutes ces constructions barbares, appelées du nom banal de *Ponts de César,* et les a reportées à l'époque féodale à laquelle elles appartiennent.

Pendant toute la durée de la domination romaine et des deux dynasties frankes, les ponts de pierre furent rares dans les Gaules, surtout dans les provinces dont notre pays faisait partie. On cherchait les gués des rivières pour lieux de passages, ou bien l'on choisissait les endroits où plusieurs îlots divisaient la largeur des fleuves non guéables pour jeter des ponts de bois ou de bateaux qui les joignaient entre eux. On conçoit que cette manière de procéder devait être la plus facile et la plus usitée à une époque de décadence de l'art. Au temps de Grégoire de Tours, la capitale de la cité des *Turones*, à laquelle on accordera certainement plus d'importance qu'à la ville de Blois, n'avait encore qu'un pont de bateaux pour traverser la Loire : on s'était servi d'une île pour partager en deux sa longueur, et ce systême fut continué quand, plus tard, on édifia des ponts en pierre. Celui dont on voit encore des restes à Tours même, celui d'Amboise et une foule d'autres le démontrent suffisamment. D'ailleurs le mot de *ponts*, qui s'employait toujours au pluriel, indique assez qu'on entendait parler de la réunion de plusieurs de ces édifices à la suite les uns des autres.

On reconnaît encore dans nos vieux ponts des traces évidentes d'une disposition de ce genre. En examinant les espacements inégaux des arches, leurs dimensions différentes et leur nombre plus ou moins multiplié sur certains points ; les distances, quelquefois considérables, sans aucune ouverture, qui n'en font plus que des espèces de chaussées, on devine parfaitement où se trouvait la direction des divers courants du fleuve et où étaient les anciennes îles.

Nous croyons donc que les ponts Chartrains et les ponts Saint-Michel ne sont point d'origine romaine ou gallo-romaine, ce qui signifie la même chose; nous pensons seulement qu'ils ont succédé à des ponts de bateaux ou de bois qui, à l'époque romaine, devaient conduire aux routes de Lyon, d'Espagne et de la Gaule méridionale*.

Le pont de pierre qui servait à traverser le bras le plus petit de la Loire, et qui a été détruit par les glaces en 1716, devait être aussi du même style que les autres, à

---

* Nous devons dire que M. Just Blau, numismate blésois, nous a donné un petit bronze saucé de Posthume, trouvé en travaillant à la démolition des ponts Saint-Michel. M. Blau n'était point présent à la trouvaille, et quand même elle serait parfaitement avérée, la rencontre d'une médaille isolée ne prouverait rien ; car elle aurait pu être apportée jadis parmi des matériaux arrachés soit à la voie antique, soit à quelques autres travaux d'art situés dans le voisinage et qui appartenaient à l'époque romaine.

en juger par les dessins qui nous en restent. L'analogie nous fait également penser que avant d'être bâti en pierres, il devait être appuyé sur des îlots que l'on remarque près de lui sur des plans du seizième siècle. Ces îlots furent emportés sans doute à l'époque où la construction des quais, en resserrant le lit du fleuve, augmenta beaucoup dans cet endroit la rapidité du courant.

La tradition, qui indique un temple de Mercure à l'emplacement de l'hospice de Saint-Lazare, nous dit encore que les ponts Saint-Michel portaient du temps des Romains le nom de *Ponts de Mercure**. Nous croyons d'autant mieux à la vérité de ce souvenir, que Mercure, comme dieu protecteur du commerce, présidait aux ponts et aux routes près desquels on rencontrait fréquemment son simulacre ou des temples

---

* D'autres ponts, situés sur la même voie Chartraine, à 4 lieues de Blois, portaient le nom de Ponts de Jupiter, *Pontes Jovis*, et ce nom s'est conservé dans celui de *Pontijou* donné au village placé à côté. L'ancienne construction, qui vient d'être recouverte par une chaussée, ne datait aussi que du moyen âge.

en son honneur. Lorsque nous nous rappelons qu'à l'établissement du christianisme, les noms qui perpétuaient les traditions païennes furent souvent échangés contre des noms chrétiens, et que l'esprit des populations qui se tournait vers le nouveau culte choisit de préférence des patrons dont le nom ou les mythes se rapprochaient le plus de ceux qu'ils devaient remplacer; le nom du messager du ciel chrétien imposé à nos ponts, nous persuade facilement qu'ils portaient d'abord celui du messager des faux dieux. Les exemples de cette substitution sont nombreux, et c'est ainsi, entre autres, que les hauts lieux consacrés à Mercure devinrent presque partout des *Monts Saint-Michel**.

Le vulgaire, habitué à rapporter aux Romains presque tous les anciens monuments, voulait également reconnaître un ouvrage de leurs mains dans la tour de

---

* Un des souvenirs les plus remarquables de ces anciennes consécrations à Mercure subsiste dans le nom du village de *Mont-Saint-Michel-Mont-Mercure* dans la Vendée.

Beauvoir, dont les contre-forts annoncent assez un ouvrage du moyen âge, et que différentes recherches ne nous permettent pas de porter au-delà du douzième siècle *. Il croyait aussi que le clocher de l'église de Bourg-moyen, maintenant détruite, était une tour romaine, élevée par Junius Blæsus, lieutenant de César et fondateur de la ville de Blois.

Selon lui encore, l'église de Saint-Sauveur aurait été bâtie sur les ruines d'un temple élevé à Jupiter-Sauveur. Malgré les exemples que l'on croit déjà avoir trouvés d'une substitution de ce genre, et quoique ce patronage eût été fort naturellement choisi pour un lieu de retraite et de défense, nous devons révoquer cette opinion en doute. Les fouilles faites en 1829, pour bâtir des maisons sur l'emplacement de l'ancienne église, n'ont fourni que des tombes en pierre accompagnées de petits vases troués conte-

---

* Nous ne voyons pas les seigneurs de Beauvoir figurer comme témoins, dans les chartes des comtes de Blois, avant l'année 1190. (*Chartul. Launom.*)

nant du charbon végétal, espèces de cassolettes grossières que l'on rencontre fréquemment dans les sépultures du moyen âge *.

Au reste, tous ces souvenirs de l'époque romaine, encore vivants parmi nous, contribuent à rappeler et à prouver, en quelque sorte, l'existence de notre ville sous les Césars; et nous croyons, sans peine, que plusieurs constructions du moyen âge ont pu succéder immédiatement à des édifices gallo-romains.

On ne citera ici que pour mémoire l'opinion de Papire Masson, qui prenait notre ville pour le *Corbilo* de Strabon**, et la fable recueillie par le moine de Marmoutiers sur la fondation de Blois par Boson et Ivomade, qui donnerait à notre ville une

---

* Nous avons conservé plusieurs de ces petits vases et nous avons recueilli des notes sur diverses circonstances curieuses qui se sont présentées pendant ces fouilles.

** *Pap. Masson.; Flumin. Galliæ.*-- On est assez incertain sur la position de cet ancien port que Pithéas mettait au nombre des villes les plus opulentes des Gaules. On croit qu'il répondait au lieu nommé actuellement Coëron, situé à deux lieues au-dessous de Nantes. (V. Had. Valois et d'Anville.)

origine beaucoup plus récente que celle que nous lui attribuons *.

Nous regrettons de n'avoir pu encore, jusqu'à présent, réunir autre chose que des conjectures ; mais, pendant toute la durée de la domination impériale, le silence des historiens latins est si profond à l'égard de la Gaule, qu'on pourrait presque dire qu'elle n'eut pas d'histoire. Les noms d'une foule de localités de cette époque n'ont pu venir jusqu'à nous. Dans toute l'étendue du département de Loir et Cher, nous n'en rencontrons que deux qui soient cités dans

---

* *Ivomadus quidam juvenis de Britanniâ, secum habens mille viros, à prœlio cum Bossone Carnotensi consule rediens, locum in comitatu suo ubi remaneret petiit ; qui blandis blæsisque sermonibus cum decipiendo locum super ripas Ligeris ad libitum impetravit, ubi non villam sed oppidum firmissimum ne à Bossone vel aliis eriperetur, crexit. Quod cùm diù post Bosso aspiceret, iratus ait : Hoc tibi non concessissem si verbum sapientis patris filio dictum memoriter retinuissem :*

> *Sermones blandos blæsosque vitare memento :*
> *Simplicitas viri fama est, fraus ficta loquendi.*

Ivomadus iram ejus mitigans, supplicando obtestandoque castrum obtulit ; sed Bosso ut erat benignus homagium cum jurejurando ab eo suspiciens, castellum illud concessit, et à deceptione Blesim *vocavit.* (Liber de castro Ambasiæ, *cap.* iij, § 2 : *apud* Acheri spicileg., *tom.* III, *pag.* 268, *edit. in-f.º*)

un ouvrage de l'antiquité : Gièvres et Tesée, *Gabris* et *Tassiaca* de la table de Peuttinger. Tous les jours cependant on retrouve et nous retrouvons nous-même des ruines d'anciennes localités qui appartenaient non seulement à l'époque romaine, mais aussi à l'époque gauloise; et, à défaut de documents écrits, il faut bien en refaire l'histoire à l'aide des traditions, de l'étymologie et des monuments. C'est ce que nous venons d'essayer pour notre ville, sans nous flatter toutefois d'y avoir réussi aussi complétement que nous l'eussions désiré.

ÉPOQUE FRANKE.

Arrivés à la période franke, les documents historiques, sans être nombreux, se rencontrent néanmoins assez fréquemment pour que nous puissions présenter avec quelque certitude l'état politique et monumental de la ville de Blois pendant cette période. Nous n'avancerons plus rien maintenant que nous ne puissions l'appuyer de l'autorité des chartes ou des livres contemporains.

C'est au sixième siècle que l'histoire parle de nous pour la première fois. Grégoire de Tours raconte que, l'an 584, la guerre que les Blésois, réunis aux Orléanais, faisaient aux habitants du Dunois et à d'autres Chartrains fut terminée par l'entremise de leurs comtes *.

Nous n'ignorons pas que quelques légendaires et le moine Jean de Marmoutiers rapportent des faits qui se seraient passés dans le Blésois à des époques antérieures à l'année 584; mais ces auteurs ont écrit longtemps après Grégoire de Tours, et ce que dit, en particulier, le moine Jean, d'une reconstruction de la ville de Blois par Clovis ou Chlodowig **, fait dont aucun autre an-

---

* *Greg. Turon. apud D. Bouquet*, tom. II, pag. 294, C.

** Nous avons dit que nous adoptions les doctrines historiques de MM. Thierry; nous devons donc suivre la nomenclature des rois de France telle que l'a établie l'aîné des deux. Nous ne répéterons pas les origines germaniques des noms franks des rois de la première et de la deuxième races, que l'on a vues dans ses admirables *Lettres sur l'histoire de France*, et nous ne donnerons que celles qui se rattachent directement à l'histoire de notre ville.

cien historien n'a parlé, doit être mis au nombre des fables que l'on rencontre fréquemment dans son ouvrage *.

Le passage de Grégoire de Tours, que nous avons cité tout-à-l'heure, nous fait voir que le Blésois formait alors un des districts ou *pagi* de la cité des Carnutes, et que cette division avait dû exister dès l'époque romaine; car dans cette lutte où figurent plusieurs populations appartenant au pays Chartrain, et se faisant réciproquement la guerre, il ne faut voir que des populations romaines ou gauloises, ce qui signifiait la même chose alors, vivant encore sous la protection des lois municipales que leur avaient données les Romains. Ces guerres se faisaient probablement à

* *Clodoveus rex magnus catholicusque, qui anno decimo regni sui Brittones ab oppido suo Blesis, qui ripas Ligeris inter Turonem et Aurelianum impugnabant, nemoribusque se occultantes, viatores interimebant, cùm sibi à Saxoniâ revertenti ostensum esset, festinùs descendit, Brittonibus fugatis et peremptis Blesim delevit; paulò tamen altiùs competentiori loco castrum illud restauravit, suosque ibidem posuit, eodemque nomine vocavit; illud nempè diligens, utpotè quod multùm pulchrum fuerat, nimis exaltavit.* (Liber de castro Ambasiæ , cap. iv, § 8 : ap. Acheri spicileg., tom. III, pag. 270, edit. in-f.º)

l'aide des milices entretenues par les municipes et sans la participation des comtes, représentants de l'invasion germanique.

Le Blésois reconnaissait alors, comme les autres districts de la Gaule franke, l'autorité supérieure d'un comte ou gouverneur appartenant à la race victorieuse, mais dont le pouvoir était fort limité à l'égard des anciennes institutions locales, puisque nous voyons les comtes ne figurer dans la guerre des Blésois et des autres Chartrains qu'en qualité de médiateurs, *intercedentibus comitibus*. En effet, on sait que les conquérants n'avaient rien changé à l'organisation civile de la Gaule, et le fait que nous avons cité est même un de ceux que l'on allègue en faveur de cette opinion[*].

Il est donc permis de croire que l'importance qu'avait Blois au sixième siècle n'était pas nouvelle, et qu'elle existait déjà au moins sous la domination romaine; c'est-à-dire que Blois était depuis long-temps le

---

[*] V. D. Bouquet; histor. des Gaules., tom. 1, pag. 1.

chef-lieu d'un *pagus* dépendant de la cité des Carnutes, faisant partie, à l'époque à laquelle nous sommes arrivés, du royaume d'Orléans qui venait d'écheoir à Gonthram par la mort de Chlother.

Sous les rois franks de la première dynastie, on frappa monnaie à Blois, et Leblanc nous a conservé la figure d'un monétaire en or qui porte la légende de BLESO CASTRO. (Pl. III, fig. 1.) Nous ne citons pas ce fait comme relevant l'importance que pouvait avoir Blois à cette époque; car on frappait alors monnaie dans tous les lieux fortifiés, et quelquefois même dans de simples villages quand le roi s'y trouvait; mais cette pièce est d'un haut intérêt pour nous, parce que c'est le monument le plus ancien qui offre le nom de la forteresse de Blois.

Nous trouvons celui du Blésois, *pagus Blesensis,* cité pour la première fois dans un diplôme de Karle-le-Grand, de l'année 800 [*], et l'auteur anonyme de la vie de

---

[*] *Carol. magn. diplomata, ap. D. Bouquet, tom. V, pag.* 766, A.

l'empereur Lodewig est le premier historien qui nous donne le nom de la ville de Blois, qu'il appelle *castrum Blesense*, en rapportant l'entrevue de l'empereur et de son fils Lother, qui eut lieu près de ses murs, l'an 834 *. C'est ce nom de *castrum* ou forteresse, déjà consigné sur les monnaies de Blois de la première race, et devenu celui de la ville entière, qui nous a semblé conserver le souvenir d'une forteresse romaine à laquelle celle du moyen âge aurait succédé. Nous savons positivement que celle-ci était située à l'endroit même qu'occupe aujourd'hui *le château et la cour du château* **, et c'est un des motifs qui nous a engagé à y fixer l'emplacement du *castrum* romain, ainsi que nous l'avons fait plus haut.

Le mot de *Blesense* a la même valeur étymologique que celui de *Belsense*, et l'ap-

---

* *Vita Ludovici pii apud D. Bouquet, tom. VI, pag.* 117, A.

** *Chartul. Launomar, passim.*

pellation de *castrum Blesense* ne devait signifier autre chose que *la forteresse de la Beausse ;* ce lieu nous semble avoir été, en effet, dès les temps les plus anciens, une tête de pont, destinée à défendre le passage entre le Berry et le pays Chartrain, au point de jonction de la Sologne et de la Beausse. Nous accorderions volontiers une origine semblable à la ville de Beaugency, *castrum Balgentiacum,* dont la position est la même à l'égard des deux pays.

Suivant une division qui existait souvent dans les camps du Bas-Empire, la forteresse se partageait en *castrum* et *castellum ;* cette seconde partie était une enceinte plus resserrée que l'enceinte principale, un dernier refuge où l'on épuisait ses moyens de défense quand le reste de la place était pris ; et il nous paraît démontré que la forteresse ou *castrum* du moyen âge a succédé au camp retranché ou *castrum* romain, comme le château succéda au petit camp ou *castellum* de la même époque, parfois au *castrum* seulement, et souvent à l'un et à l'autre *.

Nous avons vu que l'institution des comtes de Blois résultait implicitement du récit de Grégoire de Tours, que nous avons cité plus haut. Toutefois, l'histoire ne nomme aucun de ces comtes avant Wilhelm**, dont elle ne parle que pour raconter sa mort, qui eut lieu l'an 834, pour la querelle de l'empereur Lodewig avec son fils Lother.

Ode***, fils de Wilhelm, lui succéda dans sa dignité; car l'hérédité des bénéfices était déjà devenue un fait, sinon un droit, entièrement reconnu, par les faibles suc-

---

* La division de la forteresse de Blois en *castrum* et *castellum* est bien clairement désignée dans la charte de fondation de l'abbaye de Saint-Laumer. *Monachis qui indecenter morantur in castello Blesensi..... do ecclesiam sancti Leobini constructam sub mœnibus Blesis castri.* (*Chartul. Launom.*, pag. 6.)

** *Wilhelm* signifie dans les idiomes germaniques, protecteur ou défenseur du repos. De *Weil*, repos; *Helm*, protecteur, défenseur.

*** *Od*, riche ou heureux.—Quelques auteurs veulent que Ode fut neveu et non fils de Wilhelm : nous ne pouvons mieux faire que de suivre le sentiment du savant D. Clément. (Art de vérifier les dates, tom. II , pag. 666 de l'édit. in-f.º)

cesseurs de Karle-le-Grand. Depuis 834 jusqu'à 865, époque de la mort de Ode, l'histoire ne dit rien de ce prince.

Pendant le neuvième siècle, les Normands ravagèrent deux fois le Blésois : en 854, ils brûlèrent la ville de Blois, *castrum Blisum*, disent les Annales de Saint-Bertin*. Et ici, il ne s'agit plus seulement de la forteresse; les habitations s'étaient multipliées à l'abri de ses murailles, et le nom ancien de *castrum* s'applique désormais à la ville entière. Nous serions même tenté de penser que, dans cette occasion, il n'y eut de brûlé que les demeures construites en bois, selon l'usage du temps, qui se trouvaient au-dessous de la forteresse, et que celle-ci protégea, contre la fureur des barbares, les habitants qui se réfugièrent dans ses murs. En effet, nous voyons que, dans un titre de l'an 902, où le nom de *castrum* désigne la ville entière, et celui de *castellum* s'applique à la forteresse, on

---

* *Annal. Bertin*, ap. *D. Bouquet*, tom. *VII*, pag. 70, D.

l'appelle le vieux château, *vetus castellum**. S'il eût été rebâti depuis l'année 854, il n'aurait pu porter une épithète semblable et il ne faut pas croire non plus que cela voulait dire qu'il était en ruines ; nous le prouverons par un fait qui s'y passa en 874.

La forteresse de Blois avait continué à servir de refuge non seulement aux gens d'alentour ; mais sa position avantageuse en faisait aussi, à ce qu'il paraît, un lieu recommandable au loin. Dans un temps où la possession des reliques d'un saint en réputation était une source de richesses pour une église ou une abbaye, on cherchait les endroits les plus sûrs et les mieux fortifiés pour y transporter ces reliques quand il y avait des irruptions de barbares dans les Gaules. L'histoire contemporaine parle souvent de ces voyages d'ossements sacrés, et les noms de beaucoup de localités existant alors ne nous

---

* *Et est in Bleso castro intus in vetere castello.* (*Chartul. blesense, ad ann.* 902.) — Nous désignons sous le nom de *Chartularium blesense* la collection des chartes inédites, relatives au Blésois, qui nous appartiennent, soit en original, soit en copie faite par nous et accompagnée de notes philologiques et historiques.

auraient pas été révélés sans le récit de ces translations. C'est comme cela que nous savons que, l'an 874, les moines du monastère de Curbion, situé dans le Perche, après avoir cherché pour les reliques de saint Launomare *, ou Laumer comme on dit maintenant, un asile dans l'Avranchin, et ensuite dans la forteresse du Mans, ne les crurent en sûreté que dans celle de Blois, où elles furent reçues par des moines de Saint-Benoît, qui s'y trouvaient déjà établis et y desservaient la chapelle de saint Karlef **, ou saint Calais comme on l'a appelé depuis. Les reliques y restèrent, sans accident, jusque vers l'an 930, qu'elles furent transférées dans l'église de Saint-Lubin, située au-dessous des murs du château ***.

L'an 865, le célèbre Rodbert ****, connu

---

* *Laune-Mare*, esprit éminent. *Laune* doit se prendre ici dans le sens de passion, enthousiasme, inspiration, verve, etc. *Mœre*, éminent.

** En latin, *Karilephus*, fort ou puissant à secourir. De *Karl*, fort ou robuste; *Elf*, secours.

*** Hist. mste. de l'abbaye de Saint-Laumer, f.° 59.

**** *Rod-bert*, brillant par la parole ou le conseil. De *Ruad*, parole, conseil; *Berth*, brillant, illustre.

sous le nom de *Robert-le-Fort*, et chef de la race de Hugues Capet, réunit le comté de Blois à ses autres bénéfices, comme plus proche parent, en ligne collatérale, de Ode, qui n'avait pas laissé d'enfants. Il fut tué l'année suivante au siége de Brissarthe *.

Le fils de Rodbert, du même nom que lui, fut son successeur **. Devenu chef du parti qui voulait repousser la suprématie germanique, représentée par la race de Karle-le-Grand, et fonder un royaume indépendant, parti que nous appellerons, avec notre compatriote M. Augustin Thierry, le parti français, Rodbert, dont le frère avait été roi par élection, se fit couronner aussi en 922, et périt l'année d'après de la main même de son rival.

* En 867, selon les Annales de Metz. Les Annales de Saint-Bertin, qui placent la mort de Rodbert à l'année 866, en précisent même le jour, et nous avons préféré cette date qui est aussi celle qu'ont adoptée les Bénédictins.

** Nous ne savons pourquoi les savants Bénédictins n'ont pas voulu mettre Rodbert II au nombre des comtes de Blois de la première race : il serait trop long d'énumérer ici les titres qui doivent l'y faire maintenir et qui nous paraissent plus que suffisants.

La vie des deux Rodbert, fertile en événements importants, tient peu de place dans l'histoire particulière de notre ville; elle se passa tout en dehors de leur comté, et appartient exclusivement à l'histoire générale. Quelques chartes qui nous restent du dernier sont données par Warnegaud, son vicomte *.

Il règne une grande obscurité sur le successeur immédiat de Rodbert II : nous croyons que ce fut Theodebalde** ou, selon la prononciation romane qui commençait à prévaloir, Thibauld, surnommé *le Tricheur*, que nous voyons figurer comme comte de Blois dès l'année 924***. Toutefois nous ne pouvons savoir précisément à quel titre il parvint à cette dignité, car le comté aurait du échoir à Hug-le-Grand, fils de

---

* Hist. mste. de l'abbaye de Saint-Laumer, f.º 209.—Preuves de l'histoire de Blois, pag. j.—*Chartul. Launom.*, *pag.* 2.—*Warnegaud* signifie gardien du pouvoir; de *Warnen*, garder, défendre, et *Walt* ou *Wald*, pouvoir, autorité.

** *Theode-bald*, hardi entre tout le peuple. De *Thiod* ou *Theod*, peuple, et *Bald*, hardi.

*** Hist. mste. de l'abbaye de Saint-Laumer, f.º 50, verso.— *Chartul. Launom.*, *pag.* 6.

Rodbert, à une époque où l'hérédité des bénéfices était devenue un droit non contesté, et qui ne pouvait l'être surtout à l'égard d'une famille aussi puissante que celle des comtes de Paris. Il paraît certain que Thibauld tenait de très près aux comtes de Blois par les liens du sang, et que son père, Thibauld, comte de Tours et de Chartres, l'avait eu de Richilde *, sœur de Rodbert II **. Il était, par conséquent, cousin-germain de Hug-le-Grand et de Radulfe ou Raoul, son beau-frère, qui fut roi, aussi par élection, après la mort de Rodbert. Peut-être Thibauld ne fut-il comte de Blois que par suite d'un arrangement entre les membres de cette famille qui commençait à se partager la France, dont elle était maîtresse, et sur laquelle elle

* *Rich-hilde*, fille riche ou puissante. De *Rich*, riche ou puissant, et *Hilde*, fille, *virgo*.

** Plusieurs historiens donnent Richilde pour épouse à Richard, comte de Troyes ; nous avons suivi ici le sentiment des Bénédictins dans leur chronologie des comtes de Blois. Au reste, tout ce qui tient à l'origine de Thibauld est fort obscur, et nous essaierons de traiter à fond cette question dans un autre mémoire.

devait finir par régner sans obstacle après plusieurs essais infructueux.

Ce n'est pas ici le lieu d'examiner à fond ces différentes questions, qui trouveraient plus convenablement leur place dans une histoire des comtes de Blois. Il nous suffit de dire que c'est un principe reconnu que l'hérédité des bénéfices devint un droit acquis vers la fin de la seconde dynastie franke, par une suite de motifs que MM. Guizot et Augustin Thierry ont trop admirablement développés pour que nous voulions les défigurer ici en les reproduisant *.

Thibauld-le-Tricheur fut le premier qui établit dans le Blésois cette puissance héréditaire qui reçut plus tard sa sanction définitive à l'avènement de Hugues Capet, et fut la source de l'organisation féodale. Le comté de Blois devient alors, comme tous les autres grands fiefs, un petit état qui a son souverain, ses lois particulières et son histoire à part. Blois, sa capitale,

* V. Guizot; Essais sur l'histoire de France. — Aug. Thierry, Lettres sur l'Histoire de France.

acquiert une véritable importance, surtout à cause de l'affection que montre pour elle la famille de Thibauld, qui ne s'y trouvait gênée par aucune supériorité locale, comme l'était dans ce temps celle des évêques dans les autres chefs-lieux de ses comtés. Cette nouvelle vie dont s'anime alors notre ville, et qui ne devra de long-temps s'éteindre, multiplie, comme on doit croire, les renseignements historiques sur ses accroissements et ses embellissements successifs. Nous pourrions désormais marcher avec des guides et plus nombreux et plus sûrs; mais c'est ici que doit finir notre tâche. Nous avons voulu seulement essayer de jeter quelque lumière sur les époques obscures, les temps incertains de son histoire, pendant que nous pouvions encore nous aider de traditions et de souvenirs qui, de nos jours, s'éloignent rapidement, et tandis que subsistent encore quelques uns de ces monuments devenus rares, par suite des révolutions successives qui ont passé sur notre sol, et qui le deviennent encore davantage, de jour en jour, par un autre vandalisme plus condamnable parce qu'on l'exerce plus froidement *.

Il nous reste à donner une description de la ville de Blois, telle qu'elle était à l'époque à laquelle nous nous arrêtons, c'est-à-dire au commencement du dixième siècle.

Nous avons dit que des bourgs s'élevaient ordinairement à l'abri des murailles des forteresses, et nous avons cru en reconnaître un, dès l'époque romaine, à l'endroit où se trouve maintenant le faubourg du Foix. Les aggrégations de maisons se multiplièrent dans les environs de la forteresse de Blois, et au dixième siècle, une ville s'était formée par la réunion de trois petits

---

* On ne saurait croire combien, en dehors des deux dernières révolutions, il a disparu en France de chartes et d'édifices par la main des *bandes noires,* par la sottise des nouveaux propriétaires de vieux châteaux, qui détruisent en croyant restaurer, et aussi, il faut le dire, par l'ignorance ou l'incurie des administrations locales qui vendent des archives, démolissent des monuments historiques ou les défigurent sous de vains prétextes d'assainissement, d'agrandissement, parfois même d'embellissement. Notre curieux château de Blois, devenu une caserne, est un des plus tristes exemples de la barbarie administrative.

bourgs qui, en s'étendant successivement, avaient fini par se toucher.

Le plus ancien des trois était, selon nous, celui du Foix ou du Fisc; dans le latin des chartes, *burgus de Fisco*, ou simplement *Fiscus*. Ce nom, qui signifiait alors comme aujourd'hui le trésor royal, se donnait aussi à tout ce qui était du domaine particulier du roi ou du seigneur : terres, maisons et hommes. Le bourg du Foix était du domaine royal quand il fut donné aux religieux de Saint-Laumer, en 924, par le roi Radulphe, avec les autres propriétés qu'il possédait dans le Blésois à titre héréditaire*, et qui lui étaient peut-être venues par son mariage avec la petite-fille de Rodbert-le-Fort. Les habitants du Foix étaient *serfs de condition*, et à l'époque des affranchissements **, ils se rachetèrent moyen-

---

* *Do et concedo..... S. Launomaro et monachis suis ecclesiam S. Leobini.....et* fiscum *contiguum..... cum aliis possessionibus quæ mihi competunt, jure hæreditario, in pago blesensi.* (*Chartul. Launomar.*, *pag.* 6.

** Vers 1224.(Hist. mste. de l'abbaye de Saint-Laumer, f.º 50, verso.)

nant 2,000 livres, somme équivalant à environ 38,000 francs de notre monnaie*.

Le second de ces bourgs, où était une chapelle dédiée à saint Jean-Baptiste, en portait le nom, et on l'appelait Saint-Jean-en-Grève, *S. Johannes de Arenâ***, parce qu'il était placé sur le bord de la Loire, sans en être séparé, comme à présent, par une levée.

Le troisième s'appelait le Bourg-moyen, ou bourg du milieu, *Burgus medius****, à cause de sa position entre les deux autres. Ce fut celui-ci qui, dans la suite, fut entouré, par les comtes de Blois de la maison de Champagne, de murailles flanquées de tours qui le réunirent à la forteresse, et firent du tout la ville proprement dite,

---

* D'après la valeur du marc d'argent : 2 liv. 10 s. et 2 liv. 14 s. 7 den.; la livre de 1222, sous Philippe-Auguste, est estimée à 19 liv. 88 s. 4 d., et celle de 1226, sous Saint-Louis, à 18 liv. 4 s. 11 d. Valeur moyenne, 19 liv. 1 s. 7 d. et demi, ou 19 fr. pour avoir une somme ronde.

** *Chartul. blesens. et Launom.*, passim.

*** *Ibid.*

dont les bourgs du Foix et Saint-Jean devinrent les faubourgs.

Le Bourg-neuf n'était pas encore bâti ; il était dans toute sa nouveauté en 1190, comme nous l'apprend une charte de Thibauld-le-Bon datée de cette année *. Quant à celui de Vienne, auquel nous avons voulu assigner une si haute antiquité, on ne le considérait point alors comme faisant partie de la ville; on ne lui donne jamais, vers cette époque, et long-temps encore après, dans les chartes et les historiens, la dénomination de bourg ou faubourg, comme aux autres, et on l'appelle successivement *Vienna*, Vienne, et Vienne-lèz-Blois. Guillaume, frère de Pierre de Blois, était né dans ce faubourg, et est appelé par les contemporains *Willelmus Viennensis*, ce qui, par parenthèse, n'a pas peu embarrassé les commentateurs qui ne connaissaient pas la topographie de

---

* *Dedi etiam eis in censu* Burgi novi ædificati *et in eo qui ædificabitur in terrâ eorum extrà portam Carnotensem, etc.* (*Chartul. Launom., pag.* 55.)

notre ville *. Les mœurs de Blois et celles de Vienne étaient différentes, comme nous l'avons déjà dit, et ce faubourg eut des seigneurs particuliers jusqu'au règne de Henri IV, successeur au titre des comtes de Blois, qui échangea, avec les seigneurs de Celles-sur-Cher, pour ce fief, ceux de Soings, Gy et Billy, en Sologne **. Ce n'est qu'à partir de cette époque que l'on peut considérer Vienne comme l'un des faubourgs de la ville.

Nous ne savons si l'on ne doit pas voir dans ce que nous venons de dire un souvenir de l'ancien état de notre ville après la conquête romaine. Les vainqueurs, après s'être établis sur la rive droite de la Loire et s'y être fortifiés, durent chercher à attirer près d'eux les habitants d'alentour, et à fonder une ville dont le centre ne fût pas le même que celui de l'ancien établissement gaulois; système de déplace-

* *Buseus in Petrum blesensem; Notæ in epistol.* 66.
** Bernier; Hist. de Blois, pag. 70.

ment employé souvent dans les Gaules, après la conquête, pour détruire l'esprit de localité et favoriser l'assimilation de la nation vaincue à la nation victorieuse. Les Romains réussirent bien à fixer l'importance de Blois, sur la rive droite du fleuve; mais Vienne dut constamment se refuser à accepter la condition de faubourg. Toute la tenacité particulière à la race gauloise se concentra dans l'île, et ses habitants continuèrent à s'y tenir isolés de la civilisation romaine. Suivant notre conjecture, il y eut donc, après l'établissement des Romains, séparation, et haine sans doute, entre les habitants de la rive droite et ceux de l'île; les premiers devinrent Romains, les seconds restèrent Gaulois. Ce fut peut-être d'un motif analogue que naquit la haine qui séparait anciennement les habitants de Lyon et ceux de Vienne en Dauphiné, et qui donna lieu à ce mot de Tacite, cité par notre historien Bernier, au sujet du faubourg de Vienne: *Uno amne discretis connexum odium*. On doit reconnaître une trace frappante de cette tenacité gauloise, qui se faisait surtout remarquer dans l'attachement aux croyances religieuses, en lisant ce fait rapporté par Bernier : que la réforme qui avait fait de si grands progrès dans le Blésois et la ville de Blois, ne put jamais pénétrer dans le faubourg de Vienne *.

Il ne reste aucune construction que l'on puisse rapporter aux temps du vieux Blois que nous venons de décrire : le château a subi trop de modifications depuis le dixième siècle pour que l'on cherche à y retrouver rien d'une époque aussi reculée; des édifices religieux, les uns ont disparu, les autres ont été entièrement reconstruits : les ponts de pierre n'étaient pas encore élevés, comme nous l'avons dit, et la ville ne renferma probablement point d'édifices civils avant d'avoir été fortifiée; toute l'administration locale, qui n'était pas très compliquée alors, devait être concentrée dans l'enceinte de la

* Hist. de Blois, pag. 71.

forteresse. Quant aux maisons particulières, dans un temps où souvent les églises même étaient construites en bois, elles ne devaient pas plus que celles-ci offrir de chances de durée.

Les noms, seulement, de plusieurs églises et monastères qui se voyaient alors à Blois sont venus jusqu'à nous. L'église de Saint-Lubin passait pour être la plus ancienne de toutes, et cette opinion pouvait tenir uniquement à la prédilection particulière qu'ont les populations pour les saints locaux : à ce titre, la ville de Blois reconnaissait pour son patron saint Lubin ou Léobin[*] qui fut évêque de Chartres vers le milieu du sixième siècle. L'église qui lui fut dédiée à Blois, peut-être dès le siècle suivant, était située au-dessous des murailles de la forteresse et se trouvait en haut de la rue qui retint son nom, joignant le faubourg du

---

[*] En latin : *Leobinus* ou *Lubinus*, diminutif de *Lupus*, loup.— M. Eloy Johanneau voit dans le nom de l'ancien patron de Blois, à l'aide d'analogies mythologiques, une preuve de plus à l'appui de l'étymologie que nous avons donnée du nom de notre ville.

Foix*. Quant saint Lubin fut remplacé par un autre saint topique, saint Launomare, né dans le diocèse même de Chartres, les moines de Curbion, qui avaient apporté ses reliques au château de Blois, et avaient obtenu en 924 l'église de Saint-Lubin, comme nous l'avons vu plus haut, la démolirent lorsqu'ils purent célébrer l'office divin dans la belle église de Saint-Laumer qui subsiste encore aujourd'hui. Ils firent servir les matériaux dans l'achèvement de leur construction dont ils avaient jeté les fondations dès l'année 930. On voit que la rue Saint-Lubin peut prétendre à une haute ancienneté, puisqu'elle avait pris son nom d'une église dont la démolition fut commencée vers la fin du douzième siècle **.

La grande vénération qu'eut jadis la ville de Blois pour saint Lubin, son patron, nous a engagé à parler d'abord de

---

* *Ecclesiam S. Leobini, constructam* sub mœnibus Blesis castri et fiscum contiguum *ipsœ ecclesiœ*. (*Chartul. Launom.*, pag. 6.)

** Hist. mste. de l'abbaye de S. Laumer.

son église ; mais nous devons regarder comme plus ancienne celle de Saint-Solemne*. Les légendaires rapportent qu'après la découverte miraculeuse du tombeau de ce saint personnage, faite à Maillé par Grégoire de Tours, et dont il a rendu compte lui-même dans son livre *De gloriâ confessorum***, on voulut transporter ses ossements à Chartres dont il avait été évêque. Arrivés à Blois, ceux qui les portaient s'y arrêtèrent pour passer la nuit, et déposèrent les ossements dans une petite église dédiée à saint Pierre. Le jour suivant, lorsqu'ils voulurent continuer leur route, il leur fut impossible d'enlever le coffre qui contenait les reliques ; et il est permis de supposer que, pendant la nuit, on avait eu soin de le fixer solidement pour en acquérir la possession, chose fort importante alors et pour laquelle on ne craignait nullement d'employer toutes

---

* Le nom tout latin de Saint-Solemne, *S. Solemnis*, indiquait alors une origine gauloise.

** *Greg. Turon.*, col. 912 et 1399, edit. Ruinart.

sortes de pieuses fraudes; la collection curieuse que nous ont laissée les Bollandistes en fournit une multitude d'exemples. Toutefois, l'immobilité du coffre ayant été considérée comme la manifestation miraculeuse de la volonté du saint, ceux qui accompagnaient les reliques pensèrent que leur voyage était accompli. Les prêtres de l'église de Saint-Pierre abandonnèrent leur patron, heureux qu'ils étaient de posséder le corps entier d'un saint qui se trouvait être leur compatriote, qui avait été leur évêque et que quelques uns même pouvaient avoir connu; tandis qu'ils n'avaient probablement que des reliques peu nombreuses et peut-être peu authentiques de saint Pierre, qui, d'ailleurs, était un étranger *.

Ainsi, dès le sixième siècle, il y eut à Blois une église sous l'invocation de saint

---

* Saint Solemne devait, plus tard, être supplanté à son tour. Quand son église fut élevée par Louis XIV au rang de cathédrale, un sentiment de flatterie fit choisir sans doute le patronage de saint Louis, et le bon saint Chartrain fut relégué dans une des chapelles de son église.

Solemne, la même qui sous sa consécration précédente remontait peut-être à l'établissement du christianisme dans le pays, époque à laquelle les saints locaux ne pouvaient pas encore être connus et honorés de préférence à ceux du Nouveau Testament. Bernier dit qu'on voyait l'ancienne église de Saint-Pierre sous l'église de Saint-Solemne. Si son observation est exacte, il aurait vu seulement la crypte de l'ancienne église, et elle aurait été détruite lors de la reconstruction de l'église de Saint-Solemne, après sa ruine en 1678; car les caveaux étroits que l'on voit maintenant au-dessous du chœur sont très modernes *.

Nous croyons que la charte de l'an 696, rapportée par Mabillon, pag. 478 de sa Diplomatique, est relative à l'abbaye de N. D. de Bourgmoyen. Cette pièce, dont la première partie a été mutilée, est donnée par Agirard, évêque de Chartres, en faveur

* L'Histoire de Blois, de Bernier, fut publiée en 1682; mais à l'article de Saint-Solemne, il est aisé de voir qu'il parle d'un souvenir antérieur à 1678. (V. pag. 51.)

d'une abbaye de Notre-Dame située dans son diocèse, *sur le bord de la Loire, au-dessous des murailles* d'un endroit dont le nom est lacéré : *In loco nuncupante........ infrà ipso muro super fluvium Ligeris,* et fondée par Adrebertane, mère de Deodat, un des prédécesseurs d'Agirard. Ce Deodat, qu'il ne faut pas confondre avec l'anachorète qui donna son nom à la ville de Saint-Dié-sur-Loire, siégeait à Chartres vers la seconde moitié du septième siècle.

Mabillon démontre très bien, en ses Annales bénédictines, que le monastère dont il s'agit n'a pu être situé dans les villes de Mer, de Suèvres et de Saint-Dié, qui n'étaient pas alors garnies de murailles. Mais il ne veut pas décider la question en notre faveur, parce que dans un vieux manuscrit de l'abbaye du Bec, on cite une abbaye de chanoines *réguliers,* dédiée à Notre-Dame et située également sur le bord de la Loire. On ne dit point de quel évêché elle dépendait, et alors cette désignation peut convenir à N. D. de Beaugency, comme à N. D.

de Blois; mais, dit Mabillon, il n'y avait que des prêtres séculiers dans les deux abbays. Nous voyons, à la vérité, par un titre de 1105*, que c'était alors la condition des moines de l'abbaye de Bourg-moyen; mais depuis le septième siècle jusqu'au douzième, cette condition avait pu changer plusieurs fois, et rien n'empêche de croire que des chanoines, d'abord réguliers, se soient sécularisés à la suite du relâchement de la discipline.

Mabillon fonde encore son opinion sur ce que le couvent de N. D. de Blois était situé dans un bourg en dehors des murs de fortification. Nous ne savons pas pourquoi, lorsqu'il se présentait une analogie de nom et de position aussi frappante, il n'a pas voulu conserver au mot *infrà* sa véritable acception, pour lui donner celle d'*intrà*, pour laquelle, à la vérité, on l'échangeait souvent alors; mais que des considérations assez puissantes devaient lui

---

* Preuves de l'histoire de Blois, pag. viij.

faire repousser dans cette occasion. Si on adopte l'explication que nous donnons, la phrase de la charte en question : *infrà ipso muro*, signifiera *au-dessous de ses murailles*, et conviendra parfaitement à la position qu'occupait l'abbaye de Bourg-moyen. Toutefois, le respect dû à la mémoire de l'illustre Bénédictin nous force de présenter, avec quelque défiance, notre opinion qui semble avoir été celle de notre historien Bernier, et que les savants auteurs de la *Gallia christiana* n'ont pas rejetée entièrement [*]. L'église de Bourg-moyen a été abattue pendant la révolution : la vue de cet édifice ne nous aurait rien appris sur l'époque de sa première construction ; car un mandement de l'official de Chartres nous fait connaître qu'elle était tombée en

---

[*] Nous ne voyons pas néanmoins, comme le disent les Sainte-Marthe, que Mabillon ait incliné lui-même vers cette interprétation dans sa Diplomatique, pour l'abandonner ensuite dans ses Annales : il se contente, dans le premier ouvrage, de renvoyer au second pour cet article. (*V. Mabillon.; Diplomat., pag.* 458, *et Annal. O. S. B. ad ann.* 696.— Bernier; Hist. de Blois, pag. 45. — *Gall. christ.*, tom. *VIII*, col. 1350 et 1389.)

ruines en 1243 et que l'on commençait à la rebâtir*.

Nous avons vu que l'église Saint-Jean avait donné son nom à l'un des faubourgs de la ville, avant le dixième siècle, et que la chapelle de Saint-Calais existait dès le neuvième : nous avons repoussé la tradition qui fait élever l'église de Saint-Sauveur sur les ruines d'un temple de Jupiter, et nous n'avons rien trouvé d'antérieur au quatorzième siècle sur l'église de Saint-Nicolas qui passe cependant pour une des plus anciennes de la ville, et qui est une de celles que la révolution a détruites. Nous n'avons aucuns documents anciens sur l'église de Saint-Saturnin de Vienne, qui n'était en 1400 qu'une chapelle dédiée à saint Antoine-des-Bois; sa fondation remontait peut-être à une haute antiquité, car l'auteur qui a écrit au neuvième siècle les miracles de saint Eusice, en raconte un qui

---

* Preuves de l'histoire de Blois, pag. xj.

eut lieu dans la maison d'un prêtre de l'île de Vienne *.

Les seuls objets d'art qui nous restent de la période Franke sont les monnaies frappées à Blois sous les deux premières dynasties de nos rois. Nous avons parlé du monétaire d'or de la première race, sur lequel la ville de Blois porte le nom de BLESO CASTRO ; sur les pièces de la seconde race, qui sont des deniers, on lit : BLESIANIS CASTRO. On remarquera dans ces deux appellations les formes gauloises *Bleiz* et *Bleisian* parfaitement reproduites, avec la seule modification nécessaire de la désinence latine. Nous possédons dans notre cabinet d'antiquités locales un grand nombre de variétés, inédites pour la plupart, de ces deniers, appartenant aux règnes de Karle II (dit le Chauve) et de Ode ou Eudes, et un seul du règne de Lodewig II (dit le Bègue); celui-ci est une pièce uni-

---

* *S. Eusicii vita msta., et apud Labbei nov. biblioth. tom. II, pag.* 465.

que, car on n'en avait pas encore rencontré de ce prince frappées ailleurs qu'à Tours*. (Pl. III, fig. 2, 3 et 4.) Toutes les monnaies de Blois dont nous avons parlé durent être frappées dans l'enceinte de la forteresse, et notre hôtel des monnaies n'a pu être établi à l'endroit où nous voyons encore *la Tour d'argent*, que lorsque la ville entière fut fortifiée.

Il n'a pu entrer dans notre plan de parler avec détail des mœurs, des usages, de la condition des habitants de la ville de Blois, et de tous les faits auxquels ils prirent part; nous devions nous occuper de la ville sous le rapport monumental seulement, ainsi que l'indique le titre de notre travail. Nous eussions voulu traiter cette autre partie de son histoire que nous eussions trouvé peu de chose à dire; et nous avons même eu, dans le cours de ce mémoire, l'occasion de rapporter incidemment à peu près tout ce que nous en savions.

* V. Leblanc; Traité des monnoies, pag. 442, édit. de Paris.

Les Blésois suivent la fortune de la Gaule. Depuis la lutte brillante où le patriotisme mal dirigé et le courage aveugle succombent devant la discipline romaine et le génie de César, et après quelques tentatives, toujours malheureuses pour recouvrer son indépendance, il n'y a plus de nation gauloise; elle perd son nom et sa langue; mais elle conserve toujours son caractère particulier, comme race d'hommes. La première invasion franke ne change presque rien à l'organisation civile donnée à la Gaule par les Romains; elle reconnaît d'autres maîtres, et c'est tout. Ceux-ci, devenus chrétiens, elle les préfère bientôt, dirigée par le clergé, chef du pouvoir municipal, qui, plus éclairé, aperçoit dans cette nouvelle domination un germe de nationalité future. Après la chûte du système colossal de Karle-le-Grand, l'hérédité des bénéfices amène une forme nouvelle dans les institutions, et de la lutte des grands bénéficiaires contre la race germanique surgit cette nationalité qui s'établira à l'avènement de Hugues Capet; mais qui ne sera exploitée d'abord qu'au profit de la nouvelle dynastie et des grands vassaux : et, si nous jetons un coup-d'œil au-delà de l'époque à laquelle nous nous sommes arrêté, nous voyons qu'à la faveur de la lutte qui s'engage entre ceux-ci et la couronne, le peuple oublié jusque-là apparaît avec *la commune ;* plus tard, il grandit avec *les états,* cherche à acquérir une indépendance religieuse par *la réforme,* et enfin, devenu un jour souverain, il exerce d'une main terrible son empire, moins ambitieux qu'il est de l'asseoir sur des bases durables, qu'empressé de tirer vengeance de son long rôle de sujet.

Nous l'avons déjà dit : ces questions, à l'exception cependant de la dernière, appartiennent à l'historien du Blésois et de ses comtes : nous ne pourrions que les indiquer en passant, tandis qu'elles ressortiront naturellement de son récit par l'importance politique qu'eut toujours notre pays jusqu'au dix-huitième siècle. Pour nous, qui comprenons toute la portée d'un tel sujet, nous sentons qu'il nous est impossible de le traiter comme il mérite de l'être : nous devons nous contenter de recueillir les documents relatifs à notre histoire, d'en éclaircir quelques points douteux, de rechercher ses origines ; en un mot, de préparer des matériaux qu'un plus habile saura mettre en œuvre. Heureux si dans la tâche que nous nous sommes réservée, nous n'avons pas consulté plus encore notre amour pour le pays que la mesure de nos forces.

Mémoire de M.de la Saussaye

Pl. I.

Mémoire de M. de la Saussaye. Pl. 2.

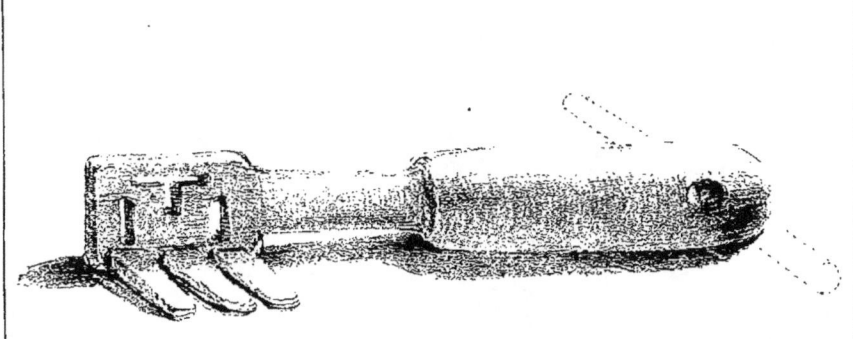

Clef antique de grandeur naturelle trouvée à Blois.
(F.d du Foix.)

Profil de la voie Romaine,
de Blois à Chartres.
Echelle de 1 mill.' pour 1 cent.

C. Pensée d'après les Croquis de M. de la Saussaye

Pl. III.

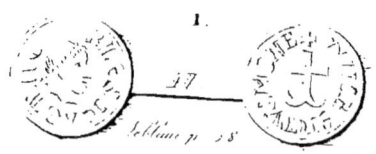

1.

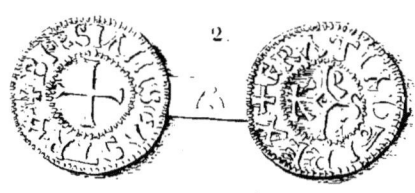

2.

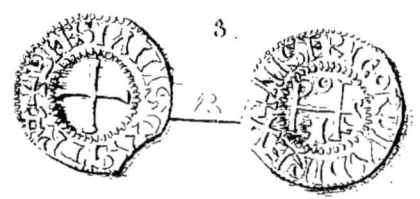

3.

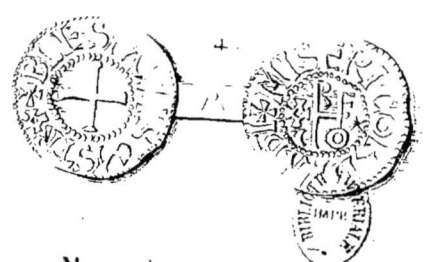

4.

Monnaies de Blois
antérieures au X.e siècle.

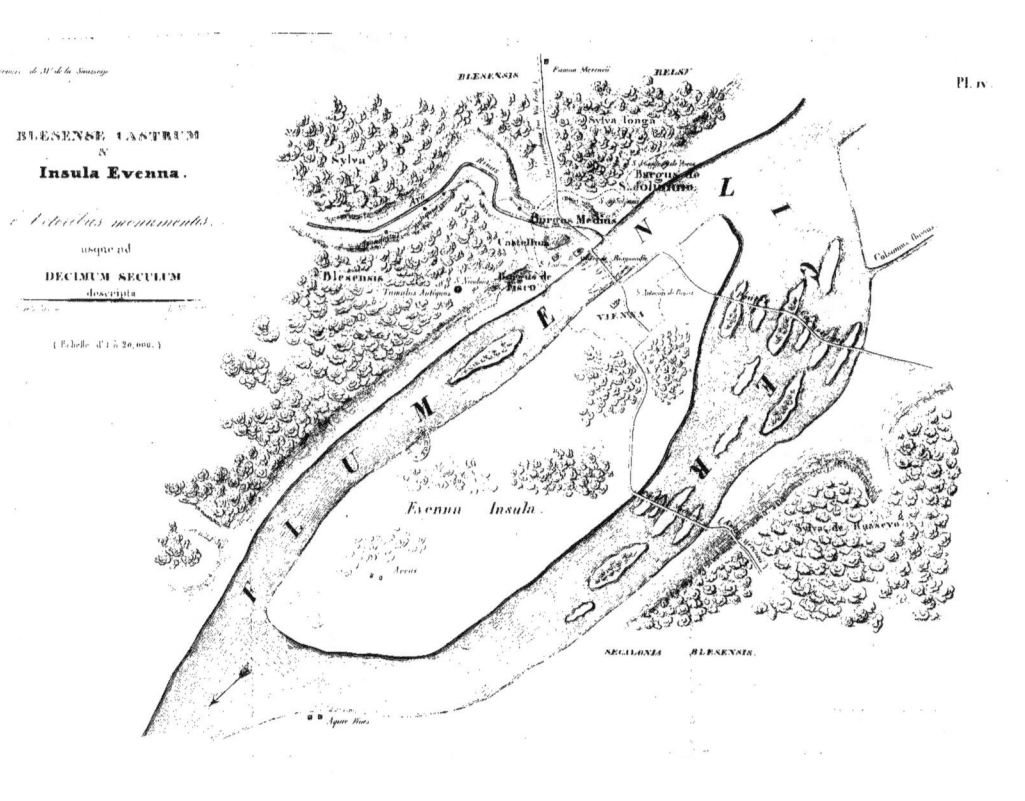

www.ingramcontent.com/pod-product-compliance
Lightning Source LLC
LaVergne TN
LVHW051457090426
835512LV00010B/2187